NATALIE A. PETER

Sketchnotes
FÜR PÄDAGOGISCHE FACHKRÄFTE

Einfach nur Text ist Dir zu langweilig?
Dann mach eine Sketchnote draus!
Was sind SKETCHNOTES?
WICHTIG!
Sketchnotes sind visuelle Notizen
und bestehen aus
TEXT und einfachen
Formen wie Pfeilen,
Rahmen oder Linien
und ein wenig Farbe
Dafür musst Du nicht zeichnen können!
Du kannst sie für Deine
privaten
Aufzeichnungen nutzen
oder für Deine Präsentationen.
Stil auf ganzer Linie

NATALIE A. PETER

FÜR PÄDAGOGISCHE FACHKRÄFTE

HERDER

FREIBURG · BASEL · WIEN

BEVOR ES LOS GEHT ...

Liebe Leserin, lieber Leser,

mit diesem Buch möchte ich Dich dazu ermutigen und befähigen, Sketchnotes zu zeichnen und diese Technik für Deine pädagogische Arbeit einzusetzen.

Vielleicht hast Du Erfahrungen gemacht, die Dich denken ließen, dass Du nicht zeichnen kannst oder nicht kreativ bist. Gerne möchte ich Dir Dein Vertrauen in Deine eigenen kreativen Fähigkeiten wiedergeben. Es ist Zeit für Dich, neue Erfahrungen zu machen. Lerne mit diesem kleinen Büchlein zu zeichnen, und zwar auf eine einfache Art und Weise.

Mit diesem Buch bekommst Du viele kreative Impulse, erprobte Tipps und eine leicht umsetzbare Zeichentechnik für Deinen Arbeitsalltag. Dabei ist es egal, ob Du für Dich oder für andere zeichnest. Wichtig sind Spaß und Freude beim Ausprobieren und Üben sowie Neugier und Interesse am Thema.

Das Buch ist so aufgebaut, dass Du im ersten Abschnitt erfährst, was Sketchnotes sind, wozu sie gut sind und welche Anwendungsbereiche sich im Rahmen der KiTa-Arbeit eröffnen. Im zweiten Teil zeige ich Dir, wie Du schnell und einfach Sketchnotes zeichnen kannst.

Du erhältst kurzen und knackigen Input, einfache Anleitungen zum Zeichnen von kleinen Symbolen und Figuren sowie viele verschiedene Bildbeispiele. Außerdem hast Du die Möglichkeit, das Gelernte mit kleinen Übungen sofort umzusetzen. So kommst Du gleich ins Tun. Zum besseren Verständnis und Erleichtern des Transfers in die Praxis zeige ich Dir meine Best-Practice-Beispiele. Du kannst sie als Inspiration für Deine eigenen Übungen und Bilder nutzen.

Die Geschwindigkeit, in der Du dieses Büchlein durchgehst, bestimmst Du. Die Übungen kannst Du in vorgegebener oder loser Reihenfolge machen. Ich empfehle jedoch, die Reihenfolge aus dem Buch zu übernehmen. Es ist nämlich so aufgebaut, dass Du Dich langsam an das Thema rantasten kannst.

Und nun freue ich mich, Dich bei Deinem Start in die Welt der Visualisierungen zu begleiten.

Natalie A. Peter

EINFÜHRUNG

WAS SIND SKETCHNOTES?

Wie der Name schon sagt, handelt es sich bei Sketchnotes um visuelle Notizen, die aus Text und Bild bestehen (engl. sketch = Zeichnung und engl. note = Notiz). Es sind einfache kleine Zeichnungen, die man schnell aufs Papier zaubern kann.

Charakteristisch für Sketchnotes sind neben Text kleine Symbole, die auf eine einfache Art und Weise gezeichnet werden. Keine filigranen Details, keine schwungvollen Schnörkel, sondern reduziert auf das Wesentliche – das ist typisch für den Sketchnote-Stil.

WOHER KOMMEN SKETCHNOTES?

Wenn Du Dir jetzt denkst: „Moment, das mache ich beim Telefonieren", oder: „Das habe ich schon früher im Unterricht gemacht", dann bist Du an der Entstehungsgeschichte und „Entdeckung" von Sketchnotes schon ziemlich nah dran.

Dem Ganzen einen Namen gegeben hat Mike Rohde. Keine Lust mehr auf reine Textnotizen habend, erinnerte er sich an Schulzeit und Studium, wo es ihm Spaß gemacht hatte, Ideen bildlich auszudrücken. So nahm er eines Tages ein Notizheft und einen Stift mit in die Konferenz und versuchte sich im Erstellen von Sketchnotes. Er wollte bessere Notizen machen, indem er weniger notierte. Seitdem machen ihm Sketchnotes nicht nur Spaß, sondern er bemüht sich intensiv, seine Leidenschaft mit anderen zu teilen.[1]

1 Mike Rohde (2014): Das Sketchnote Handbuch – Der illustrierte Leitfaden zum Erstellen visueller Notizen. Frechen: mitp.

WOZU ETWAS ZEICHNEN?

Mike Rohde erwähnt in seinem Buch auch die Duale Kodierungstheorie, die 1970 von Allan Paivio entwickelt wurde, und bringt sie mit Sketchnotes in Verbindung. Die Theorie besagt, dass der Verstand Informationen besser durch zwei primäre Kanäle, nämlich den verbalen und den visuellen Kanal, verarbeitet (ebd., S. 27).
Es gibt viele Gründe, Visualisierungen in Kombination mit Text zu nutzen, zum Beispiel:

→ es erleichtert das Erinnern

→ es kann helfen, Deutsch-Fremdsprachler:innen etwas zu erklären

→ Kinder, die noch nicht lesen können, haben ein Bild als Gedächtnisstütze

→ als Fachkraft kann man sein eigenes (Bild-) Material erstellen und gestalten

→ man selbst setzt sich mit dem Inhalt auf eine ganz andere Weise auseinander

→ es bringt Kreativität in den Arbeitsalltag

→ man schaut sich die Bilder auch später immer wieder gerne an

→ es macht Spaß

ANWENDUNGSGEBIETE

GENERELL

Sketchnotes werden mittlerweile in Unternehmen, Hochschulen und Universitäten, der öffentlichen Verwaltung sowie anderen Institutionen genutzt und im Rahmen der Personalentwicklung als Fort- und Weiterbildung angeboten. So breit gefächert wie die genannten Institutionen aufgestellt sind, so vielfältig sind auch die Anwendungsgebiete von Sketchnotes. Das reicht vom Einsatz in der Wissenschaft, Lehre oder Schule bis hin zu freiberuflichen Dozent:innen, die das Medium für sich entdeckt haben und ihren Blog, Newsletter oder Social Media-Auftritt damit bereichern.

Sketchnotes entstehen normalerweise spontan während einer Veranstaltung und dienen in erster Linie dazu, für sich selbst die wichtigen Inhalte zu notieren. Ich persönlich will den Zweck aber nicht allein darauf beschränken. Sketchnotes können meiner Meinung nach auch in Ruhe vorbereitet und für andere gezeichnet werden, auf einem Flipchart, Webseiten oder Social Media zu sehen sein oder der Kommunikation untereinander dienen.

Meiner Meinung nach können Sketchnotes überall dort eingesetzt werden, wo es um die Vermittlung von Wissen und sonstigen Inhalten geht. Genauso können sie Anwendung finden, wenn es heißt, abstrakte Dinge anschaulich zu erklären oder einfach Interesse bei dem/der Betrachter:in zu wecken.

IN DER KITA

In der KiTa und anderen pädagogischen Einrichtungen gibt es einige Gelegenheiten, Sketchnotes einzusetzen. Die nachfolgend genannten sind nur ein paar der Möglichkeiten, diese kreative Methode beruflich zu nutzen.
Zu einigen der folgenden Punkte findest Du im Kapitel „In der Praxis“ eine Übungsaufgabe und ein Best-Practice-Beispiel von mir zur Inspiration.

AUSHÄNGE

Aushänge lassen sich mit Sketchnotes plakativ gestalten und fallen so ins Auge.

PLÄNE

Wiederkehrende Inhalte in Dienst-, Essens- oder Urlaubsplänen lassen sich mithilfe von Symbolen anschaulich darstellen.

DIENSTBESPRECHUNGEN

Im Rahmen von Dienstbesprechungen kann auf diese Weise eine Art Protokoll angefertigt werden; jeder für sich selbst oder gleich für die ganze Gruppe.

VORBEREITUNG VON ELTERNABENDEN

Mithilfe von Sketchnotes kann man für sich im Vorfeld Elternabende (oder andere Veranstaltungen) strukturieren. Durch das eigene visuelle Strukturieren setzt man sich selbst noch mal anders mit dem Inhalt auseinander.

HANDOUT/ELTERNBRIEFE

Ein Handout für Eltern oder Kolleg:innen lässt sich mit Symbolen ergänzen und kann das Verinnerlichen erleichtern.

FLIPCHARTS

Ein Flipchart besteht aus ähnlichen Elementen wie eine Sketchnote. Daher lässt sich das ein oder andere gut auf das Medium übertragen.

SKETCHNOTES ZEICHNEN

In diesem Abschnitt findest Du Zeichenanleitungen, Bildbeispiele und kleinere Aufgaben, um sofort das Zeichnen von einfachen Symbolen üben zu können.

MATERIAL

Fürs Sketchnoting benötigt man Papier, Fineliner, Filzstifte und bunte Brushpens.

PAPIER

Zum Start genügt einfaches Kopierpapier oder Papier aus dem Zeichenblock. Für wichtige Aushänge kannst Du ruhig auch mal Papier in Größe DIN A 3 ausprobieren, damit der Aushang gut sichtbar ist und Du mehr Platz für alle wichtigen Infos hast. Wenn Du für Dich Sketchnotes zeichnest, dann empfehle ich ein Notizheft. Größe DIN A5 ist hierfür optimal. Achte beim Notizheft darauf, dass das Papier nicht allzu dünn ist, damit die Farbe nicht auf die nächste Seite durchdrückt. Außerdem empfehle ich glattes Papier zum Zeichnen. Wenn die Oberfläche zu rau ist, nutzen sich die Stiftspitzen schneller ab und die Linien werden nicht immer so gerade, wie man es gerne hätte.

FINELINER

Als Fineliner empfehle ich wasserfeste Stifte, damit die Kontur nicht verwischt, wenn man mit farbigen Stiften darüber malt. Üblicherweise wird mit schwarzen Stiften geschrieben und gezeichnet. Fineliner gibt es mittlerweile in den verschiedensten Stärken für ganz dünne, für normal dicke und für dickere Linien. Für den Sketchnote-Start

empfehle ich einen Fineliner mit der Linienstärke 0,5 und einen zweiten mit der Linienstärke 1 oder 1,2. Das ist ungefähr die Stärke, die ein Filzstift hat. Durch die verschiedenen Strichstärken kannst Du auf schnelle und einfache Weise Abwechslung in Deine Notizen bringen.

BRUSHPENS

Brushpens sind Stifte mit Pinselspitze. Diese besteht in der Regel aus Filz, wie man das von Filzstiften kennt. Die Pinselspitze ist flexibel und gibt auf Druck nach. Je nachdem, wieviel Druck man beim Zeichnen ausübt, verändert sich die Breite der Linie. So kann man mit der Pinselspitze abwechselnd dünne und breite Linien zeichnen. Als Fineliner empfehle ich wasserfeste Stifte, damit die Kontur nicht verwischt, wenn man mit farbigen Stiften darüber malt. Brushpens gibt es in verschiedenen Ausführungen. Welche Farbe man auswählt, ist Geschmackssache. Beim Sketchnoten werden normalerweise nicht ganz so viele Farben verwendet. Es genügen schon ein bis zwei, maximal drei Farben.

Falls Du keine Brushpens hast oder nicht so gerne mit diesen malst, dann kannst Du es mit einfachen Filzstiften ausprobieren.

TEXTMARKER

Übrigens, Textmarker kannst Du auch für Deine Sketchnotes nehmen. Mit ihnen kannst Du Worte oder Überschriften schnell unterstreichen sowie andere farbliche Akzente setzen. Es gibt sie mittlerweile in den verschiedensten Farben. Also nicht mehr nur neongelb und neonpink stehen zur Auswahl, sondern auch zarte Pastellfarben wie hellgrün, hellblau oder ein helles Violett. Sogar in verschiedenen Größen sind sie mittlerweile erhältlich.

FLIPCHARTMARKER

Wenn Du auf großem Format arbeiten möchtest, dann empfehle ich Dir Flipchartmarker. Hier ist die Stiftmine groß genug. Denn schließlich soll gut erkennbar sein, was Du auf das Flipchart geschrieben oder gezeichnet hast.

TEXT UND TYPOGRAFIE

Text ist ein wesentlicher Bestandteil einer Sketchnote. Wenn man an Text und Schrift denkt, dann vielleicht an die eigene Handschrift oder das, was einem in Büchern, Zeitschriften oder am PC begegnet. Dabei gibt es noch viel mehr Möglichkeiten, geschriebene Worte zu einem Hingucker zu machen.

WOZU IST ES GUT, VERSCHIEDENE SCHRIFTARTEN ZU NUTZEN?

Verschiedene Schriftarten und Typografie sind ein wichtiges gestalterisches Element. Sie bringen Abwechslung aufs Papier.

Durch verschiedene Schriftarten kann man Aufmerksamkeit erzeugen, den Blick des Betrachters gezielt lenken und bestimmte Worte in den Fokus nehmen, zum Beispiel indem Du Überschriften oder Schlagworte hervorhebst. Dadurch kann man auf Wichtiges hinweisen, eine Gewichtung vornehmen oder eine Hierarchie innerhalb der Sketchnote oder des Textes erzeugen.

Eine plakative Überschrift mit großen, markanten, handgeschriebenen Buchstaben zieht den Blick sehr wahrscheinlich stärker auf sich als eine Textzeile, die in Größe 12 Punkt ausgedruckt wurde. Das bringt mehr Struktur und Übersicht in Deine Sketchnotes.

Ein bisschen Vielfalt ist gut. Ohne Unterschiede wirkt alles gleichförmig und ist nicht erkennbar, was wichtig ist und was nicht. Zu viele Schriftarten können jedoch unruhig wirken und vom Inhalt ablenken.

Schwungvoll

weit KANTiG

Kritzelei

Übrigens, wenn Du Sketchnotes für andere zeichnest, dann ist es wichtig, dass diese sie auch entziffern können.

Auf diesen beiden Seiten hier siehst Du eine kleine Auswahl an verschiedenen Schrifttypen. Mal ist die Schrift sehr eng gestellt, mal etwas weiter. Manche haben Serifen, manche nicht. Einige sind schwungvoll, andere klar und ohne Schnörkel.
Noch eine Seite weiter hast Du Platz, diese Schriftarten einmal auszuprobieren.

ÜBUNGSAUFGABE

Zeichne die Typographie-Beispiele nach.

Ein besonderer Eyecatcher ist eine Schrift aus flächigen Buchstaben. Dieser Schrifttyp eignet sich besonders gut für Überschriften und für Schlagworte.

TIPP

An dieser Stelle verrate ich Dir einen kleinen Trick:
Zeichne den Buchstaben erst ganz normal mit Bleistift vor. Danach umrande diesen Buchstaben mit einem schwarzen Stift. Zum Schluss gehst Du die Kontur in den Innenräumen, den Punzen der Buchstaben, nach.

ÜBUNGSAUFGABE

Zeichne die flächigen Buchstaben nach. Zeichne auch Sonderzeichen auf diese Weise, wie zum Beispiel das &, das @ oder einen Notenschlüssel.

DOS & DON'TS

Dos

→ Heb Überschriften und Schlagworte hervor.

→ Schreib in unterschiedlichen Schriftgrößen.

→ Nutze Schrift als Gestaltungsmittel.

Don'ts

→ Zu viele verschiedene Schriftarten nutzen.

→ Gar keine verschiedenen Schriftarten nutzen.

→ Unleserlich für andere schreiben – zu klein, zu schnörkelig, zu ungenau.

BULLETPOINTS, PFEILE & CONTAINER

Aufzählungszeichen, Pfeile und Rahmen – beim Sketchnoting Container genannt – sind ein wichtiges Gestaltungselement von Sketchnotes. Sie sind aber nicht nur dekorative Elemente, sondern zugleich Struktur- und Ordnungsgeber auf dem Papier.

Mit **Aufzählungszeichen,** auch Bulletpoints genannt, kannst Du

→ etwas auflisten,

→ Inhalte in eine Reihenfolge bringen,

→ Ordnung schaffen.

Mit **Pfeilen** kannst Du

→ auf etwas hinweisen,

→ Dinge in Beziehung zueinander setzen,

→ Abfolgen, Abläufe oder Prozesse darstellen.

Rahmen sind außerdem ein einfaches gestalterisches Element, um

→ Überschriften effektvoll hervorzuheben,

→ etwas zu gruppieren,

→ Einheiten zu bilden,

→ etwas hervorzuheben,

→ Inhalte voneinander zu trennen.

BULLETPOINTS

Oft halten die Themen auch schon eigene Ideen für Aufzählungszeichen oder Rahmen bereit. Wenn es inhaltlich um zeitliche Abläufe geht, kannst Du zum Beispiel eine kleine Uhr als Bulletpoint wählen. Wähle nicht allzu viele verschiedene Formen dafür. Wenn jedes Aufzählungszeichen im Bild anders gestaltet ist, kann das unruhig wirken und vom Inhalt ablenken.

PFEILE

Pfeile sind ein wesentliches Gestaltungselement in Sketchnotes. Mit ihnen kann man Verbindungen herstellen, auf etwas hinweisen oder auch eine Richtung vorgeben. Und sie können auf vielfältige Weise dargestellt werden. Flächig, geschwungen, wie ein Blitz oder im Kreis angeordnet – die Palette an Möglichkeiten ist riesig. Zur Inspiration siehst Du hier ein paar Alternativen zum klassisch geformten Pfeil.

RAHMEN

Rahmen sind eine einfache Möglichkeit, sowohl Struktur als auch Abwechslung in die Notizen zu bringen. Gerade Überschriften lassen sich mit einem Banner besonders gut hervorheben.
Um Abwechslung reinzubringen, genügt es schon, bei einem rechteckigen Rahmen die Ecken mit keinen Pinnnadeln oder einem Klebestreifen zu verzieren.
Manchmal bietet der Inhalt Ideen für den Rahmen. Ein Apfel kann zum Beispiel auch ein Rahmen sein. Eine Tasse oder ein Stiefel bieten ebenfalls Raum für weiteren Inhalt.
Wenn Du Rahmen verwendest, dann achte darauf, dass Du zuerst den Text schreibst und erst danach den Rahmen drum herum zeichnest. Es gibt jedoch eine Ausnahme, und zwar, wenn Du mit dem Text die Form des Rahmens nachempfinden möchtest.
Falls Du zu nah an den Rand geschrieben oder gezeichnet hast, dann ist das kein Problem. Einen Rahmen kannst Du trotzdem zeichnen – ohne, dass Du die Linie drum herum quetschen musst. Unterbrich die Linie einfach an der Stelle, an der Du zu nah an den Rand gekommen bist.

CONTAINER

DOS & DON'TS

Dos

→ Schreib erst den Text, zeichne dann den Rahmen.

→ Unterbrich die Linie des Rahmens, wenn Du zu nah an den Rand geschrieben hast.

→ Setz kleine Farbakzente.

Don'ts

→ Gar keine Pfeile, Rahmen oder Aufzählungszeichen nutzen.

→ Zu viele unterschiedliche Pfeile, Rahmen oder Aufzählungszeichen in einem Bild nutzen.

→ Formen/Symbole wählen, die nichts mit dem Inhalt zu tun haben.

ÜBUNGSAUFGABEN

1) Überleg Dir drei weitere Aufzählungszeichen, Pfeile und Rahmen und zeichne diese.
2) Welche Symbole aus dem KiTa-Alltag eignen sich für Aufzählungszeichen? Notiere fünf. Zeichne drei davon.
3) Welche Symbole aus dem KiTa Alltag eignen sich für einen Rahmen? Notiere fünf. Zeichne drei davon.

PLATZ ZUM ZEICHNEN

SYMBOLE

Beim Zeichnen von Sketchnotes kommt es nicht darauf an, besonders naturgetreu zu zeichnen oder ein Kunstwerk zu erschaffen. Vielmehr geht es darum, Informationen oder Ideen zu transportieren. Das lässt sich bereits mit ganz einfachen Formen und Symbolen erreichen (Rohde 2014, S. 16 ff.).
Symbole lassen sich ganz einfach aus geometrischen Formen zeichnen. Kreise, Dreiecke, Rechtecke, Rauten, Trapeze, Bögen, aber auch Linien und Punkte bilden dabei die Basis.
So lässt sich aus zwei Kreisen eine Brille zeichnen. Aus einem Dreieck wird ein Verkehrsschild und aus einer Raute entsteht ein Drachen.
Diese Methode lässt sich auf alle möglichen anderen Symbole übertragen. Damit Du ein Gefühl dafür bekommst, wie simpel diese Methode ist, findest Du auf den nächsten Seiten ein paar Zeichenanleitungen.
Auf diese Weise kannst Du noch viele andere Symbole zeichnen.

FARBE

Zu schwarzen Konturen gehört einfach ein Schwung Farbe. Die Symbole kannst Du mit kleinen farblichen Akzenten verzieren. Beim Sketchnoting ist es üblich, Farbe sparsam einzusetzen und sich auf zwei Farben zu beschränken. Dadurch entsteht der typische Sketchnote-Stil. Meiner Meinung nach dürfen es auch drei bis vier Farben sein, wenn es besser zum Inhalt passt. Noch mehr Farben würde ich wiederum nicht einsetzen, da es sonst doch wieder zu sehr vom Inhalt ablenken und etwas unruhig wirken könnte.

Farbakzente setzt Du einfach auf zwei Seiten innerhalb der Kontur. Auf welchen Seiten Du die Farbakzente setzt, ist Dir überlassen. Die schwarze Kontur kann, muss aber nicht berührt werden.

SCHATTEN

Schatten sind ein weiteres Gestaltungselement. Durch das Einzeichnen von Schatten wirken Dinge plastischer. Hierfür nimmst Du einfach einen grauen Brushpen.
Zunächst legst Du fest, auf welcher Seite die Lichtquelle ist. Diese Position behältst Du für die gesamte Sketchnote bei. Auf der gegenüberliegenden Seite hinter dem Objekt befindet sich dann der Schatten. Diesen zeichnest Du ebenfalls auf zwei Seiten ein, diesmal außerhalb der Kontur. Wichtig ist, dass der Schatten ein Stück versetzt anfängt. Die Linie des Schattens endet nicht am Ende des Gegenstandes. Anders als beim Farbakzent ist es hier optimal, wenn die graue Linie die schwarze Linie berührt.

BEISPIELE ZEICHENANLEITUNGEN

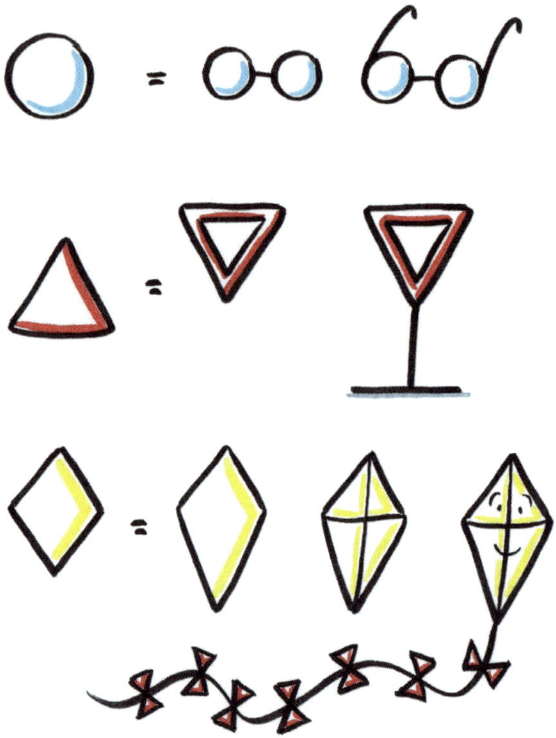

01.01.
2023

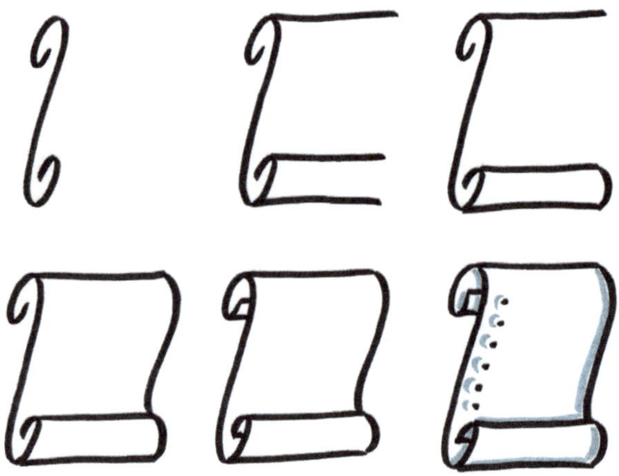

DOS & DON'TS

Dos

→ Keep it simple.

→ Step by step.

→ Einfach machen.

Don'ts

→ Denken, dass Du nicht zeichnen kannst.

→ Denken, dass es perfekt sein muss.

→ Gar nicht erst anfangen.

ÜBUNGSAUFGABEN

1) Zeichne die Symbole aus den Anleitungen Schritt für Schritt nach.
2) Zeichne auf diese Weise folgende Symbole: Tasse, T-Shirt, Schere, Auto, Pizza, Schlüssel, Buch, Schneemann, Blume, Smartphone.
3) Zeichne auf diese Weise zehn Symbole aus dem KiTa-Alltag.
4) Leg Dir Deine eigene Symbolbibliothek an.

PLATZ ZUM NACHZEICHNEN

FIGUREN

Genauso schnell und einfach wie Symbole lassen sich kleine Figuren zeichnen: Dafür brauchst Du ebenfalls nur ein paar Striche.
Bei diesen simplen, angedeuteten Menschen zeichnest Du einfach einen Kreis und darunter ein umgedrehtes U. Schnell noch ein Gesicht in den Kreis zeichnen, ein paar Linien für die Frisur und ein Klecks Farbe. Schon hast Du schnell und einfach eine Personengruppe aufs Papier gezaubert.

Aber wozu ist es sinnvoll, Figuren zu zeichnen? Mit Personen kannst Du verschiedene Dinge darstellen, zum Beispiel Aktivitäten, Berufe oder Emotionen. Figuren lassen ein Bild lebendig wirken.

KÖRPER

Ganze Figuren mit Armen, Beinen und Rumpf lassen sich ebenso leicht zeichnen. Kreis, Oval und ein paar Linien – schon ist die Figur fertig. Damit Dir das gut gelingt, bekommst Du hier ein paar Zeichenanleitungen.

All Deinen Figuren kannst Du natürlich auch andere Kleidung anziehen. Du kannst dem Mädchen ein Käppi auf den Kopf setzen oder eine Jeans anziehen. Genauso kannst Du der Frau einen Rock zum Blazer zeichnen oder ihr einen Blaumann anziehen. Hier bist Du völlig frei in der Gestaltung. Das, was ich mache, sind lediglich Vorschläge, die Du umsetzen kannst, aber nicht umsetzen musst.

ÜBUNGSAUFGABE

Und jetzt Du. Zeichne die Figuren Schritt für Schritt nach.

Jetzt weißt Du, wie man Erwachsene zeichnet. Wenn Du Kinder zeichnen möchtest, musst Du auf zwei Dinge achten. Zum einen sind Kinder natürlich kleiner als Erwachsene, zum anderen ist deren Kopf im Verhältnis zum Körper größer als bei Erwachsenen.

ÜBUNGSAUFGABE

Jetzt bist Du wieder dran. Zeichne die Figuren Schritt für Schritt nach.

MIMIK UND FRISUREN

Um Vielfalt in Deine gezeichneten Figuren zu bringen, variiere Gesichtsausdrücke, Frisuren oder Kopfbedeckungen.
Zeichne zuerst einen Kreis und danach die Augen ein. Augen sind bei meinen Figuren etwas länger als ein Punkt, aber etwas kürzer als ein Komma. Wichtig für die Mimik sind ganz besonders die Augenbrauen. Zeichne diese zuerst ein. Daran kannst Du schon sehen, in welche Richtung der Gesichtsausdruck geht. Der Mund unterstützt natürlich den Gesichtsausdruck.

Wenn Du ein Gesicht mit Frisuren zeichnen möchtest, dann zeichne zuerst die untere Gesichtshälfte. Zeichne dann die Augen ein. Anschließend kannst Du die Frisur und – wenn Du magst – eine Brille oder Nase einzeichnen.

Übrigens, Du kannst auch mit der Kopfform variieren. Zeichne mal ein längliches Gesicht, ein Kinn, das spitz zuläuft, oder ein kantiges Kinn. Auf diese Weise kannst Du ebenfalls Abwechslung in Deine Sketchnotes bringen und jede Figur zu einem Charakterkopf machen.

ÜBUNGSAUFGABEN

1) Zeichne die Gesichter mit Mimik und Frisuren nach.
2) Zeichne drei weitere Gesichtsausdrücke mit Frisuren oder Kopfbedeckungen.

KÖRPER IN BEWEGUNG

Manchmal ist es gut, wenn man ein bisschen Bewegung ins Bild bringt. Das kannst Du zum Beispiel mit Figuren, die laufen oder springen. Manchmal genügt aber schon eine andere Körperhaltung, um für Abwechslung (in der Sketchnote) zu sorgen. Hier findest Du drei Ideen für Menschen mit einer anderen Körperhaltung.

Wenn Du Menschen in Bewegung zeichnest, dann achte auf Folgendes:

1) Zeichne den Rumpf etwas geneigt, denn je nach Bewegung neigt sich der Oberkörper.
2) Achte darauf, dass die Arm- und Beingelenke in einem natürlichen Winkel abknicken.

ÜBUNGSAUFGABE

Zeichne die Figuren in Bewegung nach.

Überleg Dir drei Möglichkeiten, wie Du Figuren einsetzen kannst.

....

....

....

DOS & DON'TS

✓ Dos

→ Zeichne bei Figuren eine Linie für den Horizont ein.

→ Zeichne Mimik ein, um Emotionen darzustellen.

→ Zeichne Frisuren, Brillen und Nasen für mehr Individualität.

→ Zeichne Figuren in Bewegung für mehr Dynamik in der Sketchnote.

! Don'ts

→ Den Kopf ohne Hals direkt an den Körper zeichnen.

→ Die Arme seitlich an den Rumpf statt auf Höhe der Schultern zeichnen.

→ Den Kopf viel zu klein im Verhältnis zum Rumpf zeichnen.

→ Die Beine zu kurz im Verhältnis zum Rumpf zeichnen.

GUT KOMBINIERT – TEXT UND BILD MITEINANDER ZU SKETCHNOTES VERBINDEN

In diesem Abschnitt geht es darum, wie Du Bild und Text miteinander verbindest.

Starte zu Beginn ruhig einfach. Wenn Du zum Beispiel eine Liste mit Stichpunkten hast, dann zeichne statt Spiegelstrichen kleine Kreise und koloriere sie. Zeichne einen Rahmen um diese Auflistung und verziere die Ecken mit gezeichneten Pinnnadeln. Beim nächsten Mal gehst Du dann einen Schritt weiter und zeichnest ein oder zwei kleine Symbole dazu. Manchmal genügt bereits ein Symbol als Eyecatcher.

Beim Kombinieren von Text und Bild tragen verschiedene Punkte zum Gelingen bei. Wichtig ist, die einzelnen Bildelemente in Beziehung zueinander zu setzen. Hierbei helfen Dir zum Beispiel Pfeile. Außerdem musst Du entscheiden, was Du als Bild und was Du als Text präsentierst. Ob Du nun mehr Text oder mehr Bildelemente nutzt, ist unterschiedlich und kommt entweder auf den Zweck oder den Inhalt an. Es gibt Sketchnotes, die reich an Bildern und Symbolen sind, und es gibt Sketchnotes, die mehr Text als Bild enthalten. Mit ein bisschen Übung findest Du heraus, wie Du Deine Sketchnotes optimal gestaltest.

Bei aller Euphorie beim Zeichnen ist es wichtig, daran zu denken, dass nach wie vor die Information das Wichtigste ist. Eine gute Sketchnote behält diese immer im Blick.

DOS & DON'TS

Dos

→ Starte erst mal mit nur wenigen Bildelementen und steigere dich dann.

→ Zeichne auch um kleine Sketchnotes einen Rahmen.

→ Die Information steht im Fokus.

Don'ts

→ Nur Symbole ohne Text zeichnen.

→ Es ist keine Struktur in der Sketchnote erkennbar.

→ Es ist kein Zusammenhang der einzelnen Bildelemente in der Sketchnote erkennbar.

ÜBUNGSAUFGABEN

1) Visualisiere folgende Sätze als Sketchnote:

→ Wegen Urlaub haben wir geschlossen.

→ Mittagessen ist von 12:00–13:00 Uhr.

→ Hier geht's lang!

2) Erstelle aus folgenden Elementen jeweils Sketchnotes:

→ Pfeil, Figur, Text

→ Rahmen, Text, Symbol

→ Text, Aufzählungszeichen, Rahmen

PLATZ ZUM ZEICHNEN

BRAINSTORMING FÜR BILDIDEEN

Oft hat man eine super Idee für ein Thema im Kopf, weiß aber nicht so genau, was man dazu zeichnen könnte. Um der Kreativität auf die Sprünge zu helfen, gibt es Brainstorming-Übungen.
Mit diesen Übungen bekommst Du ein Tool an die Hand, um Deine ganz eigenen Bildideen für Deine individuellen Themen zu entwickeln.
Diese Übung eignet sich besonders, wenn es darum geht, abstrakte und wenig greifbare Begriffe zu visualisieren. Wenn Du einen Hammer darstellen möchtest, dann ist es leicht. Du zeichnest einfach einen Hammer. Was aber, wenn Du einen Begriff wie Kommunikation oder Glück darstellen willst? Hier wird es schon etwas schwieriger. Damit Dir das auch mit dieser Art von Begriffen gelingt, zeige ich Dir hier eine Brainstorming-Übung.

BRAINSTORMING-ÜBUNG

1) Notiere einen abstrakten Begriff auf einem Blatt. In meinem Beispiel habe ich den Begriff „Kommunikation" gewählt.

2) Nun schreib drum herum Begriffe auf, die Dir zu dem Begriff einfallen. Es ist egal, ob Du die Begriffe zeichnen kannst oder nicht. Notiere erst mal frei all das, was Dir einfällt.

3) Im nächsten Schritt streichst Du die Begriffe durch, die nicht greifbar sind. Übrig bleiben die Begriffe, die gleichzeitig ein Bild sind.

4) Nun überleg Dir, welche dieser Begriffe konkret zu Deinem Thema passen. Stell Dir also die Frage: Geht es bei den Begriffen, die übrig geblieben sind, inhaltlich auch um das, was ich mit dem Begriff in dem konkreten Zusammenhang sagen will? Wenn es in der konkreten Situation zum Beispiel nicht um Kommunikation via Telefon geht, dann ist es besser, andere Symbole zu wählen als das Telefon.

5) Nun erstelle zu den übrig gebliebenen Begriffen eine Kombination aus Wort und Bild.

TIPP

Wenn kein plastischer Begriff übrig bleibt, dann ist das nicht schlimm. Man muss nicht jeden Begriff mit einem Bild übersetzen. Du kannst den Begriff immer noch einfach notieren und einen Rahmen drum herum zeichnen. Schließlich sind Sketchnotes eine Kombination aus Text und Symbolen.

ÜBUNGSAUFGABE

Mach die Brainstorming-Übung mit einem abstrakten Begriff aus Deinem Arbeitsalltag.

PLATZ FÜR DEIN BRAINSTORMING

IN DER PRAXIS

Sketchnote-Grundlagen hast Du im vorigen Kapitel kennengelernt. Nun geht es an den Transfer in Deine berufliche Praxis. Damit Dir das gut gelingt, findest Du auf den nächsten Seiten Beispiele, wie Du häufig wiederkehrende Themen in eine Sketchnote übertragen kannst. Für fünf Bereiche bekommst Du hier Tipps und Impulse, wie Du Sketchnotes darin integrieren kannst.

ÜBUNGSAUFGABEN ZUM ERSTELLEN EIGENER SKETCHNOTES

Zu jeder Aufgabe gibt es ein Best-Practice-Beispiel.

EINEN AUSHANG FÜR EINEN TAGESAUSFLUG ERSTELLEN

Erstelle einen Aushang, der über einen Tagesausflug informiert. Überleg Dir, was in dem Aushang enthalten sein soll und auf dem Zettel stehen muss. Das können zum Beispiel Datum, Uhrzeit und Ort sein, aber auch andere Dinge wie etwas, das zum Ausflug mitgenommen werden soll. Notiere alles auf einem Zettel. Dabei siehst Du schon, wie viel Platz all diese Informationen auf dem Papier einnehmen.
Nun überleg Dir in einem zweiten Schritt, welche Symbole dazu passen. Vielleicht ist es ein Ausflug in einen Tierpark. Hier könntest Du ein oder zwei Tiere zeichnen, Kinder und Erwachsene oder eine Eintrittskarte.
In einem weiteren Schritt zeichnest Du eine Skizze. Darin ordnest Du die Überschrift, den Text und die Symbole an. Auch Farbe gehört schon in die Skizze. So kannst Du sehen, ob alles harmonisch wirkt. Danach überträgst Du das Ganze auf den Zettel, den Du später aushängst. Denk außerdem an den Rahmen, um das Bild optisch abzurunden.

BEST PRACTICE

Damit Du eine Idee davon bekommst, wie ein Aushang aussehen könnte, zeige ich Dir hier ein Beispiel. Die Aufzählung im Beispiel ist nicht abschließend, denn natürlich gibt es noch viel mehr Dinge, die man auf einen Tagesausflug mitnehmen kann. Dafür stehen auch die drei kleinen Punkte am Ende der Aufzählung.

ÜBUNGSAUFGABE

Erstelle einen Aushang für einen Tagesausflug.

BEST-PRACTICE-BEISPIEL

DEINE SKIZZE

EINE AGENDA/EIN HANDOUT FÜR EINE DIENSTBESPRECHUNG ERSTELLEN

Überleg Dir eine Agenda für eine Dienstbesprechung, die als Handout ausgeteilt werden soll. Gestalte die Agenda mithilfe verschiedener Schriftarten.

Inhaltlich bleibt es Dir überlassen, was auf der Agenda stehen wird. Auch, ob Du einen zeitlichen Rahmen für die Themenblöcke vorgibst oder nicht, bleibt Deine Entscheidung.

Nun zur Sketchnote: Notiere Dir in einem ersten Schritt die Punkte, die auf der Agenda stehen sollen. Orientiere Dich dabei an einer Agenda, wie sie auch auf einem Flipchart stehen könnte. Verwende also Überschriften und Stichpunkte.

Bei der Umsetzung kommt es nun darauf an, durch die Auswahl unterschiedlicher und verschieden großer Schrift eine Hierarchie und eine Struktur in die Agenda zu bringen. Für die Hauptüberschrift kannst Du Großbuchstaben wählen, die Du etwas dicker schreibst. Ein Banner für die Überschrift würde hier auch gut passen.

Die einzelnen Stichpunkte kannst Du etwas kleiner darunter schreiben. Nutze hierfür passende Bulletpoints. Vielleicht gibt es inhaltlich passende, einfache Symbole, die Du als Aufzählungszeichen nehmen kannst. Du darfst die Agenda abschließend auch umrahmen und ein kleines Symbol integrieren.

Ob Du Farbe verwendest, das bleibt Dir überlassen. Wenn Du die Agenda kopierst oder ausdruckst und sie nur in Schwarz-weiß zu sehen ist, dann kommt die Farbe leider nicht ganz so gut zur Geltung. Als Alternative kannst Du aber graue Schatten oder Akzente setzen.

BEST-PRACTICE

Damit Du eine Idee davon bekommst, wie eine Agenda aussehen könnte, zeige ich Dir ein Beispiel.

ÜBUNGSAUFGABE

Gestalte eine Agenda, die Du als Handout bei der nächsten Dienstbesprechung austeilen kannst.

BEST PRACTICE-BEISPIEL

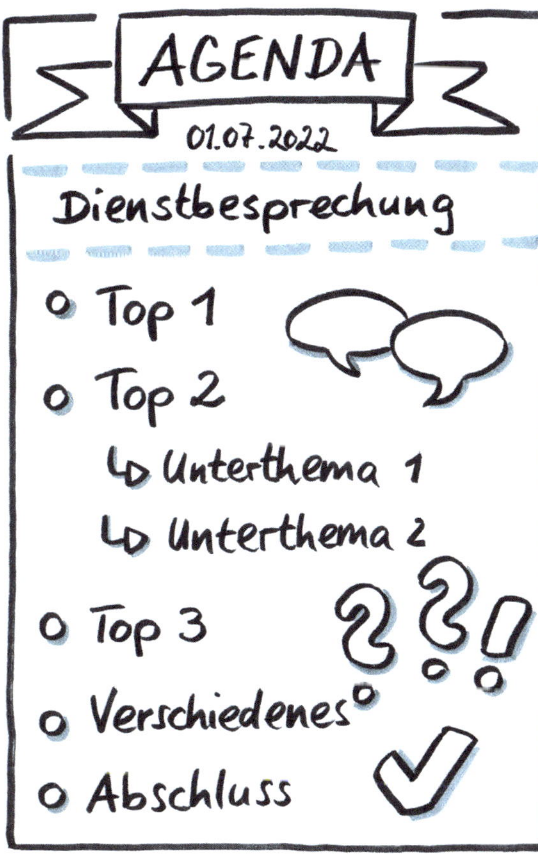

DEINE SKIZZE

EINEN ELTERNBRIEF GESTALTEN

Gestalte einen Elternbrief und verwende dabei Aufzählungszeichen, Pfeile und Rahmen. Beziehe auch Dein Wissen aus der Einheit zum Thema Text und Typografie ein.

Der Inhalt des Elternbriefs bleibt Dir überlassen. Überleg Dir einmal grob, um was es gehen soll. Den gesamten Text brauchst Du nicht in die Skizze zu schreiben. Darin genügt es, wenn Du die Textzeilen mit ein paar Linien andeutest. Was Du allerdings ausschreiben kannst, sind Überschriften und Zwischenüberschriften.

Da es in einem Elternbrief wahrscheinlich mehr Text benötigt, kannst Du hier einen am Computer geschriebenen Text als Basis nehmen und mit ein paar visuellen Elementen ergänzen.

TITEL

Gestalte den Titel auffällig. Darin steht das Thema des Elternbriefs. Du kannst die Überschrift mit einem Rahmen oder flächigen Buchstaben hervorheben.

WORUM ES GEHT

In einer kurzen Beschreibung kannst Du mitteilen, worum es geht. Nutze hierfür eine größere Schriftgröße. Um diese Zeilen herum kannst Du einen Rahmen zeichnen.

IM EINZELNEN – BULLETPOINTS

Im Anschluss an den kurzen Abriss kannst Du im Einzelnen den Inhalt mithilfe von ein paar plakativen Aufzählungszeichen darstellen.

HANDLUNGSAUFFORDERUNG

Wenn es darum geht, dass die Eltern etwas tun sollen, wäre am Ende des Briefs die Gelegenheit, diese Aufforderung visuell hervorzuheben. Auch hier kannst Du mit einem Rahmen oder mit Pfeilen arbeiten.

RAHMEN

Ob Du einen Rahmen um den Brief zeichnest, bliebt Dir überlassen. Bei einem Brief ist es meiner Meinung nach nicht unbedingt erforderlich. Gerade, wenn Du bereits Rahmen um ein paar Teile des Briefs gezeichnet hast, kann ein solcher um den gesamten Brief weggelassen werden. Probiere einfach aus, ob es stimmig wirkt.

ÜBUNGSAUFGABE

Gestalte einen Elternbrief mithilfe visueller Elemente.

BEST-PRACTICE-BEISPIEL

DEINE SKIZZE

EIN WILLKOMMENSFLIPCHART FÜR EINEN ELTERNABEND GESTALTEN

Gestalte ein Willkommensflipchart für einen Elternabend. Zeichne auf das Flipchart mindestens eine Person.

Ein Flipchart? Ja genau, ein Flipchart. Die Sketchnote-Zeichentechnik lässt sich nämlich ganz einfach auch für Flipcharts nutzen. Du musst alles einfach nur etwas größer zeichnen und natürlich die entsprechenden Flipchartmarker nehmen.

Überleg Dir, welcher Text auf dem Flipchart stehen soll. Das können zum Beispiel der Ort, an dem der Elternabend stattfindet, oder eine Begrüßungsformel sein. Notiere in einem ersten Schritt alles auf einem Zettel.

Nun überlege Dir in einem zweiten Schritt, welche Symbole dazu passen. Vielleicht sind es ein Schild, Pfeile oder Personen.

In einem weiteren Schritt zeichnest Du eine Skizze. Darin ordnest Du den Text und die Symbole an. Dabei siehst Du schon, wie viel Platz all diese Elemente auf dem Papier einnehmen. Auch Farbe gehört in eine Skizze für ein Flipchart. So kannst Du bereits auf der Skizze sehen, ob die ausgewählten Farben zusammenpassen.

Wenn Du fertig bist, überträgst Du das Ganze auf das Flipchart und zeichnest es mit Flipchartmarkern und Farbe zu Ende.

Denk auch beim Flipchart an den Rahmen. Dadurch wird das Ganze zu einem Bild und wirkt wie eine Einheit.

Und weil es hier um ein Flipchart geht, enthält diese Einheit auch zwei Übungsaufgaben:

1) Zeichne eine Skizze für ein Willkommensflipchart.

2) Zeichne ein Willkommensflipchart anhand dieser Skizze.

Übrigens, falls Du erst mal noch keine Idee hast, dann zeichne das Best-Practice-Beispiel einfach nur nach, um zu üben. Vielleicht kannst Du bei der nächsten Skizze ein oder zwei Dinge abwandeln. Beim übernächsten Mal änderst Du wieder ein paar Kleinigkeiten. Schritt für Schritt entwickelst Du so Dein eigenes Flipchart mit eigenen Ideen.

BEST-PRACTICE-BEISPIEL

DEINE SKIZZE

VON DER NÄCHSTEN DIENSTBESPRECHUNG EIN SKETCHNOTE-PROTOKOLL ERSTELLEN

Erstelle während der nächsten Dienstbesprechung ein Sketchnote-Protokoll. Dieses kann als Ergänzung zum klassischen Protokoll dienen. An dieser Stelle gibt es kein Best-Practice-Beispiel von mir, denn jede Dienstbesprechung ist anders. Vor allem kommt es hier auf spontanes Zeichnen an, ganz anders als bei den vorherigen Übungen. Eine solche Sketchnote sieht anders aus als eine vorbereitete, die man extra dafür anfertigt. Spontane Sketchnotes wirken eher mal ungenau, etwas krumm oder schief. Das ist kein Problem, denn es kommt ja nicht darauf an, ein Kunstwerk zu schaffen, sondern darauf, eine Information zu transportieren bzw. festzuhalten.
Deswegen ist es gut, wenn Du hier frei von einem Beispiel bist. Ich bin mir sicher, dass Du das schaffst. Schließlich hast Du nun schon ziemlich viel geübt.

TIPP

Starte einfach und mit wenigen kleinen visuellen Elementen. Vielleicht sind es am Anfang nur die Überschriften, die Du mit einer anderen Schriftart oder einem Rahmen hervorhebst. Oder Du beginnst mit ein paar Bulletpoints als Eyecatchern. Später kannst Du noch einen Rahmen um Deine Notizen zeichnen. In die nächste Sketchnote baust Du dann vielleicht zusätzlich eine kleine Glühbirne oder eine Figur mit ein. So nimmst Du häppchenweise immer mal wieder ein kleines Bildelement mit in Deine Notizen auf.
Mit der Zeit kommt die Übung und auch die Schnelligkeit. Nimm Dir den Druck und starte locker. Es geht hier schließlich nicht um Perfektion. Spaß und Freude dürfen und sollen ebenfalls dabei sein.

DEINE SKETCHNOTE

ABSCHLUSS DER BEST-PRACTICE-EINHEIT

Ich hoffe, Du hast ein paar Gestaltungsideen aus diesem Kapitel mitnehmen können. Ganz sicher gibt es noch viel mehr Anwendungsbereiche und wichtige Themen, die in diesem kleinen Büchlein leider keinen Platz finden konnten. Daher hoffe ich, dass Du mit der Auswahl zufrieden bist.

Zum Abschluss dieser Einheit gibt es noch drei kurze **ÜBUNGSAUFGABEN:**

1) Notiere zu jedem angewandten Beispiel, wie es beim Empfänger angekommen ist.

....

....

....

....

2) Welche der Beispiele aus diesem Kapitel könnten für Dein Team hilfreich sein und warum?

....

....

....

....

3) Notiere drei weitere Arbeitsbereiche, in denen Du Sketchnotes nutzen kannst.

....

....

....

....

MEINE ERKENNTNISSE

Zeit für ein Resümee. Nun hast Du einiges gelernt und Neues entdeckt. An dieser Stelle kannst Du Deine Erkenntnisse festhalten und für Dich überlegen, was davon Deine Arbeit in Zukunft begleiten wird.

1) Was sind Deine drei wichtigsten Erkenntnisse?

....

....

....

....

....

....

....

....

2) Was hat sich bereits jetzt durch Sketchnotes bei Deiner Arbeit verändert?

....

....

....

....

3) Was willst Du auf jeden Fall weiterhin umsetzen?

....

....

....

....

PLATZ FÜR EIGENE SKETCHNOTES UND IDEEN